LIBÉREZ-VOUS DU STRESS

Techniques efficaces pour retrouver la sérénité au quotidien

Virginie Fratelli

© 2023, Virginie Fratelli
Edition: BoD - Books on Demand, info@bod.fr

Impression : BoD - Books on Demand, In de Tarpen 42
Norderstedt (Allemagne)

Impression à la demande
ISBN : 978-2-3224-8113-2
Dépôt légal : Mai 2023

Avant-propos

Cher(e) lecteur(rice),

Bienvenue dans cet ouvrage dédié à la gestion du stress et de l'anxiété, des compagnons souvent envahissants dans notre vie moderne. Je suis ravie de vous accompagner dans votre démarche vers une existence plus équilibrée et apaisée.

Le stress est une réalité incontournable, mais il est crucial de trouver des moyens efficaces pour le gérer et minimiser son impact sur notre bien-être mental et physique. C'est précisément dans cet objectif que j'ai entrepris d'écrire ce livre. J'ai rassemblé des techniques éprouvées et des méthodes qui ont aidé de nombreuses personnes à retrouver sérénité et épanouissement.

Au fil des pages, vous explorerez un éventail de stratégies pratiques pour mieux appréhender le stress et l'anxiété. Des exercices de respiration, de relaxation, de méditation et de visualisation vous seront présentés afin de vous aider à vous détendre et à recentrer votre esprit. Vous découvrirez également des méthodes pour améliorer votre communication, gérer vos émotions et organiser votre vie afin d'éviter les sources inutiles de tension.

Mon intention est de vous offrir un guide complet, ancré dans la réalité, pour surmonter efficacement le stress et l'anxiété au quotidien. J'espère sincèrement que vous trouverez dans ces pages les outils essentiels pour cultiver la sérénité et le bien-être dont vous aspirez.

Je vous remercie de me permettre de faire partie de votre parcours de développement personnel. Ensemble, nous pouvons relever le défi du stress et construire une vie plus épanouissante.

Avec chaleur et bienveillance,

Virginie Fratelli

Introduction

Le stress et l'anxiété sont des phénomènes qui font partie intégrante de notre vie quotidienne. Nous sommes tous confrontés à des situations stressantes à un moment ou à un autre de notre vie. Le stress peut être défini comme une réponse normale et physiologique de l'organisme à une situation perçue comme une menace, tandis que l'anxiété est une réaction émotionnelle à un stress perçu.

Le stress peut être défini comme une réponse normale et physiologique de l'organisme à une situation perçue comme une menace ou un défi. Cette réponse se manifeste par la libération d'hormones telles que l'adrénaline et le cortisol, qui entraînent une augmentation du rythme cardiaque, de la respiration et de la tension musculaire. Le stress est donc une réaction naturelle qui nous permet de faire face aux défis de la vie quotidienne.

Cependant, lorsque le stress devient chronique et que nous ne parvenons plus à le gérer correctement, il peut avoir des conséquences néfastes sur notre santé mentale et physique. Le stress chronique peut entraîner des symptômes tels que l'anxiété, la dépression, la fatigue, les troubles du sommeil, les douleurs musculaires et les maladies cardiovasculaires.

L'anxiété, quant à elle, est une réaction émotionnelle à un stress perçu. Elle peut se manifester par des symptômes physiques tels que la transpiration, les tremblements, la tension musculaire, ainsi que par des symptômes cognitifs tels que les pensées négatives, les préoccupations excessives et les difficultés de concentration.

Il est important de comprendre que le stress et l'anxiété font partie intégrante de notre vie quotidienne et que nous ne pouvons pas les éliminer complètement. Cependant, il est possible d'apprendre à les gérer de manière efficace, en utilisant des techniques efficaces telles que la respiration, la relaxation, la méditation et la visualisation. C'est précisément ce que nous vous proposons d'explorer dans ce livre, en vous offrant des outils concrets pour gérer le stress et l'anxiété et retrouver la sérénité au quotidien.

Les causes du stress et de l'anxiété peuvent être multiples et varier d'une personne à l'autre. Voici quelques exemples de facteurs qui peuvent entraîner une réponse de stress ou d'anxiété :

- Les événements de la vie : Les événements stressants tels que la perte d'un emploi, un divorce, un déménagement, une maladie ou un décès peuvent provoquer des réactions de stress ou d'anxiété.

- Les facteurs environnementaux : Le bruit, la pollution, la lumière artificielle, la foule et d'autres facteurs environnementaux peuvent également contribuer à un état de stress et d'anxiété.

- Les facteurs biologiques : Certaines maladies, comme les troubles thyroïdiens ou les troubles hormonaux, peuvent entraîner des réactions de stress et d'anxiété.

- Les facteurs psychologiques : Les pensées négatives, les croyances limitantes, les problèmes de confiance en soi et les difficultés relationnelles peuvent tous contribuer à l'anxiété et au stress.

Il est important de comprendre que ces facteurs ne sont pas tous sous notre contrôle, mais il est possible d'apprendre à gérer notre réponse au stress et à l'anxiété, même dans des situations difficiles. Nous vous proposons d'explorer ces différentes causes et de découvrir des outils pour vous aider à gérer les situations stressantes de manière plus efficace dans les chapitres à venir.

Ce livre vous offrira un guide pratique et complet pour comprendre le stress et l'anxiété, et pour apprendre à les gérer efficacement. Nous espérons que les techniques présentées dans ces pages vous aideront à retrouver la sérénité et le bien-être au quotidien.

Identifier les sources de stress et d'anxiété

Comprendre les facteurs de stress externes et internes

Le stress et l'anxiété sont souvent provoqués par des facteurs externes et internes. Les facteurs externes comprennent les situations et les événements qui se produisent dans notre environnement, tels que les problèmes au travail, les difficultés financières, les conflits relationnels, les changements de vie importants, et ainsi de suite. Les facteurs internes, quant à eux, sont souvent liés à nos propres pensées, sentiments et comportements.

Pour mieux comprendre les facteurs de stress externes et internes, il est important d'identifier les situations et les pensées qui provoquent le plus souvent notre stress et notre anxiété. Cela peut inclure des situations professionnelles, telles que les délais, les tâches difficiles ou les conflits avec les collègues, ainsi que des situations personnelles, telles que les relations difficiles, les problèmes financiers ou la santé.

En identifiant ces sources de stress, vous pouvez apprendre à mieux les gérer et à éviter les situations qui peuvent déclencher des épisodes de stress et d'anxiété. Par exemple, si vous savez que les délais au travail sont une source de stress pour vous, vous pouvez planifier à l'avance et prioriser vos tâches de manière à éviter de vous retrouver dans une situation stressante à la dernière minute.

Les facteurs internes peuvent également inclure des pensées et des croyances négatives, telles que la peur de l'échec, le perfectionnisme ou le sentiment d'impuissance. Les émotions négatives, telles que la tristesse, la colère ou la frustration, peuvent également contribuer au stress et à l'anxiété.

Il est important d'identifier les facteurs de stress externes et internes qui ont le plus d'impact sur notre bien-être. En prenant conscience de ces facteurs, nous pouvons commencer à les gérer de manière proactive et à trouver des moyens de réduire notre stress et notre anxiété. Il est également important de comprendre que certaines situations peuvent être perçues comme stressantes par certaines personnes mais pas par d'autres. Par exemple, parler en public peut être une source de stress pour certaines personnes, mais pas pour d'autres. Cela dépend de notre personnalité, de nos expériences passées et de nos croyances.

En identifiant ces facteurs de stress externes et internes, vous pouvez commencer à travailler sur des stratégies pour mieux les gérer et réduire votre niveau de stress et d'anxiété. Dans les chapitres suivants, nous explorerons certaines de ces stratégies et comment les appliquer dans votre vie quotidienne.

Les signes physiques et émotionnels du stress et de l'anxiété

Les signes physiques et émotionnels du stress et de l'anxiété sont nombreux et variés. Certaines personnes peuvent ressentir une douleur ou une tension dans la poitrine, avoir des maux de tête, des étourdissements ou des nausées, tandis que d'autres peuvent ressentir une sensation d'oppression dans la gorge ou une difficulté à respirer. Les signes émotionnels peuvent inclure une humeur irritable ou dépressive, de l'anxiété, des troubles du sommeil, une perte d'appétit ou une suralimentation.

Il est important de reconnaître ces signes afin de pouvoir agir rapidement pour réduire les niveaux de stress et d'anxiété. Prendre des mesures pour réduire les symptômes peut aider à prévenir des complications plus graves telles que les maladies cardiovasculaires, les troubles digestifs, et les troubles mentaux.

Pour identifier ces signes, vous pouvez vous poser les questions suivantes : comment je me sens physiquement ? Ai-je des douleurs ou des tensions dans certaines parties du corps ? Est-ce que je mange correctement ? Est-ce que je dors bien ? Est-ce que je me sens fatigué en permanence ? Vous pouvez également tenir un journal de vos émotions pour identifier les moments où vous vous sentez particulièrement stressé ou anxieux.

Par exemple, si vous avez remarqué que vous ressentez souvent des tensions dans le cou et les épaules, cela peut être un signe de stress. Si vous avez des difficultés à vous endormir ou à rester endormi, cela peut être un signe d'anxiété. En identifiant ces signes, vous pouvez commencer à prendre des mesures pour réduire les niveaux de stress et d'anxiété dans votre vie.

L'impact du stress sur le cerveau

Le stress est connu pour avoir un impact négatif sur le cerveau. En effet, lorsqu'une personne est confrontée à une situation stressante, le cerveau réagit en libérant des hormones de stress telles que le cortisol et l'adrénaline. Ces hormones peuvent être utiles à court terme pour nous donner un coup de pouce d'énergie pour faire face à la situation stressante, mais lorsqu'elles sont libérées de manière excessive ou chronique, elles peuvent causer des dommages durables au cerveau.

Le cortisol, par exemple, peut endommager les neurones dans l'hippocampe, une région du cerveau importante pour la mémoire et l'apprentissage. Cela peut entraîner des problèmes de mémoire et de concentration, ainsi qu'une diminution de la capacité à apprendre de nouvelles informations. L'adrénaline, quant à elle, peut causer de l'anxiété, de l'irritabilité et de l'agitation, ce qui peut à son tour aggraver le stress et l'anxiété. Il est important de comprendre que ces effets ne sont pas seulement physiques, mais aussi psychologiques. Le stress chronique peut également causer des changements dans le cerveau qui affectent notre humeur et notre comportement. Par exemple, il peut entraîner une diminution de la production de neurotransmetteurs tels que la dopamine et la sérotonine, qui sont importants pour réguler l'humeur et les émotions.

Il est donc crucial de prendre des mesures pour réduire le stress et l'anxiété dans notre vie quotidienne afin de protéger notre cerveau et notre bien-être général. Dans les chapitres suivants, nous aborderons des techniques pratiques pour réduire le stress et l'anxiété et ainsi préserver notre santé mentale et physique.

La gestion du stress au quotidien

Les techniques de respiration pour la relaxation

Il est important de comprendre que la respiration est un élément clé de la gestion du stress. En effet, la respiration peut aider à réguler notre système nerveux et à réduire l'anxiété.

Pour commencer, il est conseillé de prendre des respirations profondes et lentes. Pour ce faire, il suffit d'inspirer profondément par le nez en gonflant le ventre et de souffler lentement par la bouche. Cette technique peut être utilisée à tout moment de la journée pour se calmer rapidement.

Par exemple, la respiration 4-7-8, qui consiste à inspirer pendant 4 secondes, à retenir sa respiration pendant 7 secondes, puis à expirer lentement pendant 8 secondes. Cette technique peut aider à abaisser rapidement le niveau de stress et à se sentir plus détendu.

Il existe également des exercices de respiration plus élaborés, tels que la respiration diaphragmatique ou la cohérence cardiaque, qui ont été scientifiquement prouvés pour aider à réduire le stress et l'anxiété. Ces techniques sont souvent utilisées dans la pratique de la relaxation, du yoga ou de la méditation.

En effet, la respiration diaphragmatique et la cohérence cardiaque sont deux techniques de respiration qui peuvent être particulièrement utiles pour gérer le stress.

La respiration diaphragmatique consiste à inspirer profondément en gonflant le ventre, en expirant lentement en vidant le ventre, tout en restant concentré sur sa respiration. Cette technique aide à réduire la tension dans le corps et à calmer l'esprit.

La cohérence cardiaque, quant à elle, est une technique qui consiste à respirer lentement et régulièrement en synchronisation avec son rythme cardiaque. Pour pratiquer cette technique, il suffit de respirer lentement et régulièrement en se concentrant sur les battements de son cœur. Des applications mobiles peuvent également aider à guider la pratique de la cohérence cardiaque.

Il est important de noter que ces techniques de respiration peuvent être pratiquées à tout moment de la journée et sont particulièrement utiles lorsqu'on se sent stressé ou anxieux.

La méditation et la pleine conscience pour se recentrer

La méditation et la pleine conscience sont des techniques qui permettent de se recentrer sur le moment présent et de diminuer le stress et l'anxiété. La méditation consiste à se concentrer sur un objet ou une pensée pour calmer l'esprit. La pleine conscience consiste à être attentif à l'instant présent, en portant une attention particulière à ses sensations corporelles, ses émotions et ses pensées, sans les juger.

La méditation et la pleine conscience peuvent prendre différentes formes, selon les préférences de chacun. Par exemple, la méditation peut être pratiquée en silence, en répétant un mantra, ou en écoutant des enregistrements audio guidés. Il existe également des techniques de méditation de mouvement, comme le yoga, le tai-chi ou le qi-gong, qui combinent des mouvements doux avec la respiration et la méditation.

La pleine conscience peut également être pratiquée de différentes manières. Une technique courante consiste à se concentrer sur sa respiration, en suivant le rythme de l'inspiration et de l'expiration. Une autre consiste à pratiquer la méditation en pleine nature, en étant attentif aux sons, aux odeurs et aux sensations physiques.

Il est important de noter que la pratique de la méditation et de la pleine conscience ne nécessite pas de compétences particulières. Il suffit simplement de s'asseoir ou de se tenir dans une position confortable, de se concentrer sur le moment présent, et d'accepter ses pensées et ses émotions telles qu'elles sont, sans jugement ni critique. La pratique régulière de ces techniques peut aider à réduire le stress et l'anxiété, à améliorer la concentration et à renforcer la résilience mentale.
La méditation en marchant, également appelée marche méditative, est une pratique qui combine la marche et la méditation. C'est une méthode efficace pour réduire le stress et l'anxiété tout en améliorant la concentration et la clarté mentale.

Pour pratiquer la méditation en marchant, il suffit de marcher lentement et consciemment, en étant attentif à chaque mouvement du corps, chaque respiration et chaque sensation. Il est important de se concentrer sur le moment présent, en évitant de se perdre dans ses pensées ou ses soucis.

Il est possible de pratiquer la méditation en marchant à tout moment de la journée, que ce soit pendant une promenade en nature ou simplement en allant au travail. Il suffit de choisir un lieu calme et tranquille où l'on peut marcher sans être dérangé. Il est également possible de combiner la méditation en marchant avec d'autres techniques de méditation, telles que la respiration consciente ou la visualisation. Par exemple, on peut visualiser que l'on inspire de l'énergie positive et que l'on expire le stress et l'anxiété en marchant lentement et en étant attentif à chaque respiration et chaque pas.

La méditation en marchant est une pratique simple et efficace pour réduire le stress et l'anxiété tout en améliorant la santé mentale et physique. Elle peut être pratiquée par tout le monde, quelle que soit sa condition physique ou son expérience en méditation.
Il existe donc différentes formes de méditation et de pleine conscience, la pratique régulière peut aider à améliorer la gestion des émotions et à réduire le stress.

L'exercice physique pour réduire le stress

L'exercice physique a des effets bénéfiques sur le corps et l'esprit. Il stimule la production d'endorphines, des neurotransmetteurs qui procurent une sensation de bien-être et de bonheur. De plus, l'exercice physique aide à réduire la tension musculaire et à améliorer la qualité du sommeil.

Pratiquer une activité physique régulièrement peut avoir un impact significatif sur la réduction du stress. Voici quelques exemples d'exercices que vous pouvez pratiquer :

- La marche rapide : une activité simple qui ne nécessite aucun équipement particulier. Marcher rapidement pendant 30 minutes par jour peut aider à réduire le stress et améliorer la santé cardiovasculaire.

- La natation : une activité qui sollicite l'ensemble du corps et qui peut être pratiquée à différents niveaux d'intensité. La natation est une excellente option pour ceux qui souffrent de douleurs articulaires ou musculaires.

- Le yoga : une pratique qui combine l'exercice physique et la méditation. Le yoga peut aider à renforcer le corps, à améliorer la flexibilité et à réduire le stress et l'anxiété.

- La danse : une activité qui permet de bouger en rythme sur de la musique. La danse peut être pratiquée seul ou en groupe et peut aider à améliorer l'humeur et à réduire le stress.

- Le vélo : une activité qui peut être pratiquée à l'extérieur ou à l'intérieur sur un vélo d'appartement. Le vélo peut aider à améliorer la santé cardiovasculaire et à réduire le stress.

Il est important de choisir une activité qui vous plaît et de la pratiquer régulièrement pour en tirer les bénéfices. Il est également recommandé de varier les activités pour éviter l'ennui et de se fixer des objectifs réalisables pour rester motivé.

En conclusion, ces trois points permettent de comprendre que la gestion du stress ne se limite pas à des méthodes de relaxation, mais passe également par des activités physiques et mentales régulières. Il est important de trouver les techniques qui fonctionnent le mieux pour soi et de les intégrer dans son quotidien pour une gestion efficace du stress et de l'anxiété.

Les techniques de relaxation pour lutter contre le stress et l'anxiété

La relaxation musculaire progressive pour détendre le corps

La relaxation musculaire progressive est une technique de relaxation qui consiste à détendre les muscles du corps afin de réduire la tension physique et mentale. Cette technique a été développée par le médecin américain Edmund Jacobson dans les années 1920 et a depuis été utilisée comme outil efficace pour lutter contre le stress et l'anxiété.

Le principe de cette technique est de contracter et de relâcher chaque groupe musculaire du corps de manière progressive, tout en se concentrant sur les sensations de détente qui en découlent. Cela permet de prendre conscience des tensions corporelles et de les relâcher en les relâchant progressivement.

Pour commencer, il est recommandé de se trouver dans un endroit calme et confortable, de fermer les yeux et de se concentrer sur la respiration. Ensuite, on peut commencer à contracter les muscles de la mâchoire, puis les muscles du cou, des épaules, des bras, des mains, du ventre, des cuisses, des jambes et des pieds, en les maintenant contractés pendant quelques secondes avant de les relâcher complètement. Pendant que l'on relâche les muscles, on peut se concentrer sur la sensation de détente qui en découle.

Il existe également des enregistrements audio et des applications mobiles qui guident les utilisateurs à travers la relaxation musculaire progressive, ce qui peut être utile pour ceux qui ont du mal à se concentrer ou qui sont nouveaux dans cette technique.

La pratique régulière de la relaxation musculaire progressive peut avoir des effets positifs sur la qualité du sommeil, la gestion de la douleur et la réduction des symptômes de dépression.

Il est important de noter que la relaxation musculaire progressive ne doit pas être utilisée comme substitut à un traitement médical pour les troubles de santé mentale. Si vous souffrez d'anxiété ou de stress chronique, il est recommandé de consulter un professionnel de la santé mentale pour obtenir un traitement approprié.

La relaxation musculaire progressive est une technique simple mais efficace pour réduire la tension physique et mentale causée par le stress et l'anxiété. Avec de la pratique et de la patience, cette technique peut être intégrée facilement dans une routine de gestion du stress et de l'anxiété.

La visualisation pour se projeter dans des situations positives

La visualisation est une technique de relaxation efficace pour lutter contre le stress et l'anxiété. Elle consiste à se projeter mentalement dans des situations positives et apaisantes, comme un paysage tranquille ou une expérience agréable. La visualisation permet de créer une image mentale qui active les mêmes régions cérébrales que si la personne vivait réellement l'expérience.

La visualisation positive

La visualisation positive est une technique de relaxation qui consiste à se concentrer sur des pensées positives pour réduire le stress et l'anxiété. Cette technique permet de stimuler les zones du cerveau liées aux émotions positives et d'améliorer l'humeur.

Pour pratiquer la visualisation positive, il est conseillé de trouver un endroit calme et confortable où vous ne serez pas dérangé. Fermez les yeux et imaginez une situation agréable et positive. Il peut s'agir de quelque chose que vous avez vécu par le passé ou d'une situation que vous aimeriez vivre à l'avenir. Essayez d'impliquer tous vos sens dans cette visualisation, en imaginant les couleurs, les sons, les odeurs, les sensations physiques.

Voici un exemple d'exercice de visualisation positive : imaginez-vous dans un endroit paisible et agréable, comme une plage ou une forêt. Ressentez le soleil sur votre peau, le sable sous vos pieds ou l'odeur des arbres. Visualisez une scène heureuse et relaxante, comme une promenade le long de la plage ou une randonnée dans la forêt. Sentez votre corps se détendre et votre esprit se calmer.

Il est important de pratiquer la visualisation positive régulièrement, de préférence tous les jours, pour en ressentir les bienfaits. En pratiquant cette technique, vous pouvez améliorer votre confiance en vous, votre estime de soi et votre capacité à faire face au stress et à l'anxiété.

La visualisation créative

La visualisation créative est une technique de relaxation qui consiste à imaginer des situations positives et à se concentrer sur les sentiments positifs qui en découlent. Elle peut aider à réduire le stress et l'anxiété en encourageant la production d'émotions positives.

Il existe de nombreuses façons de pratiquer la visualisation créative. Par exemple, vous pouvez vous imaginer en train de réussir quelque chose que vous avez toujours voulu faire, comme gagner une compétition sportive ou obtenir un poste de travail que vous désirez. Ou vous pouvez vous imaginer dans un endroit calme et paisible, comme sur une plage ou dans une forêt.

Voici un exemple d'exercice de visualisation créative que vous pouvez essayer :

1 - Asseyez-vous dans un endroit calme et confortable où vous ne serez pas dérangé.

2 - Fermez les yeux et prenez quelques respirations profondes pour vous détendre.

3 - Imaginez que vous êtes sur une plage en train de marcher

le long de l'eau.

4 - Imaginez le soleil qui brille sur votre peau et le son des vagues qui se brisent sur le rivage.

5 - Imaginez que vous êtes en train de vous détendre et de profiter de la beauté de l'environnement qui vous entoure.

6 - Concentrez-vous sur la sensation de calme et de paix que vous ressentez.

7 - Prenez quelques respirations profondes et, lorsque vous êtes prêt, ouvrez les yeux.

La visualisation créative peut être utilisée à tout moment de la journée pour se détendre et se recentrer. Essayez de pratiquer cet exercice régulièrement pour en ressentir les bienfaits sur votre niveau de stress et d'anxiété.

La visualisation symbolique

La visualisation symbolique est une technique de relaxation qui utilise des images ou des symboles pour représenter des émotions ou des états mentaux. Cette technique est souvent utilisée pour surmonter les peurs ou les blocages émotionnels.

Pour pratiquer la visualisation symbolique, il est important de se trouver dans un endroit calme et confortable où vous ne serez pas dérangé. Vous pouvez choisir un symbole qui représente votre état mental actuel ou votre émotion, ou vous pouvez utiliser un symbole qui vous apporte du réconfort ou de la force.

Par exemple, si vous vous sentez anxieux, vous pouvez visualiser une bulle qui vous entoure et vous protège de toutes les pensées négatives et les émotions. Si vous vous sentez stressé, vous pouvez visualiser une plage paisible avec une mer calme et des vagues douces qui viennent vous caresser les pieds.

Une fois que vous avez choisi votre symbole, vous pouvez vous concentrer sur l'image mentale et ressentir comment cela vous affecte émotionnellement et physiquement. Vous pouvez faire cette pratique pendant quelques minutes chaque jour, en vous concentrant sur votre respiration et en vous laissant porter par l'image mentale.

La visualisation symbolique peut également être pratiquée dans le cadre de la méditation guidée ou avec l'aide d'un thérapeute. Cette technique peut être particulièrement utile pour les personnes qui ont des difficultés à exprimer leurs émotions verbalement ou qui ont des blocages émotionnels.

La visualisation de l'avenir

La visualisation de l'avenir est une technique de relaxation qui consiste à imaginer des situations futures positives et à se les représenter mentalement de manière vivante et détaillée. Cette technique peut aider à réduire le stress et l'anxiété en permettant à l'esprit de se concentrer sur des résultats souhaitables plutôt que sur des craintes ou des préoccupations.

Pour pratiquer la visualisation de l'avenir, il est important de choisir un objectif précis et réalisable, comme obtenir un nouvel emploi, réussir un examen ou réaliser un projet. Une fois que vous avez choisi votre objectif, asseyez-vous dans un endroit calme et confortable où vous ne serez pas dérangé. Fermez les yeux et visualisez-vous dans la situation que vous souhaitez atteindre, en utilisant tous vos sens pour rendre l'image aussi vivante et réaliste que possible.

Par exemple, si votre objectif est de réussir un examen, imaginez-vous en train d'étudier de manière efficace et en retenant facilement toutes les informations importantes. Visualisez-vous en train de passer l'examen avec succès, en répondant avec confiance et en sachant que vous avez réussi. Imaginez le sentiment de fierté et de satisfaction que vous ressentirez lorsque vous obtiendrez votre diplôme.

Vous pouvez également utiliser des techniques de relaxation comme la respiration profonde et la relaxation musculaire progressive pour vous aider à vous détendre avant de commencer votre visualisation de l'avenir. En pratiquant régulièrement cette technique, vous pouvez vous sentir plus confiant et mieux préparé à atteindre vos objectifs futurs.

Il existe donc de nombreux types de visualisation que vous pouvez utiliser, tels que la visualisation positive, créative, la visualisation symbolique ou la visualisation de l'avenir. La clé est de trouver une technique qui fonctionne pour vous et de la pratiquer régulièrement.

Les massages et les thérapies alternatives pour réduire le stress

Les massages et les thérapies alternatives sont des méthodes efficaces pour soulager le stress et l'anxiété. Les massages permettent de détendre les muscles et de libérer les tensions physiques, tandis que les thérapies alternatives aident à équilibrer l'énergie corporelle et à favoriser le bien-être émotionnel.

Les massages peuvent être pratiqués par des professionnels, tels que les massothérapeutes, mais peuvent également être réalisés à la maison en utilisant des huiles essentielles ou simplement en pratiquant des techniques d'auto-massage. Certaines techniques de massage courantes incluent le massage suédois, le massage shiatsu, le massage thaïlandais et le massage des tissus profonds. Chacune de ces techniques utilise des mouvements et des pressions différents pour aider à détendre les muscles et à soulager le stress.

Le massage suédois est une technique qui utilise des mouvements doux et lents pour aider à détendre les muscles et à améliorer la circulation sanguine. Le massage shiatsu est une technique japonaise qui utilise des pressions sur des points spécifiques du corps pour soulager la douleur et le stress. Le massage thaïlandais utilise des étirements, des pressions et des mouvements rythmiques pour stimuler la circulation sanguine et aider à soulager les tensions musculaires. Le massage des tissus profonds est une technique qui utilise des pressions profondes pour cibler les muscles tendus et les nœuds, aidant à réduire la douleur et la tension musculaire.

Les thérapies alternatives comprennent un large éventail de pratiques, notamment la médecine traditionnelle chinoise, l'acupuncture, la chiropratique, la réflexologie, la thérapie craniosacrale, la méditation et la sophrologie. Ces thérapies ont pour objectif de rétablir l'équilibre énergétique du corps et de l'esprit, afin de soulager le stress et les tensions. Elles sont souvent utilisées en complément d'autres traitements pour réduire l'anxiété, la douleur et l'inflammation.

La médecine traditionnelle chinoise est basée sur l'idée que la santé est liée à l'équilibre entre le yin et le yang, ainsi qu'à la libre circulation de l'énergie ou Qi dans le corps. Les praticiens utilisent une variété de techniques, notamment l'acupuncture, la moxibustion, le massage Tui Na et les plantes médicinales pour aider à rétablir l'équilibre énergétique du corps et de l'esprit.

L'acupuncture est une pratique qui consiste à stimuler des points spécifiques du corps avec des aiguilles fines pour améliorer la circulation de l'énergie et soulager les douleurs et les tensions. La chiropratique se concentre sur la manipulation de la colonne vertébrale et des articulations pour réduire la douleur et améliorer la fonctionnalité.

La réflexologie est une thérapie qui utilise la pression sur des points spécifiques des pieds, des mains et des oreilles pour améliorer la circulation sanguine, stimuler le système nerveux et soulager les tensions et le stress.

La thérapie craniosacrale est une méthode de manipulation douce qui utilise la pression des doigts pour améliorer le mouvement du liquide cérébro-spinal et réduire les blocages et les tensions dans le corps.

La méditation et la sophrologie sont des techniques de relaxation qui aident à calmer l'esprit et à réduire le stress. La méditation implique de se concentrer sur un objet ou une pensée pour calmer l'esprit, tandis que la sophrologie utilise des exercices de respiration et de relaxation pour améliorer la conscience de soi et la confiance en soi.

Il est important de noter que ces thérapies alternatives doivent être pratiquées par des professionnels formés et agréés pour éviter tout risque de blessure ou d'effets secondaires indésirables. Il est également recommandé de parler à son médecin avant de commencer tout nouveau traitement.

En plus des massages et des thérapies alternatives, il existe également des méthodes de relaxation telles que le yoga, le tai-chi et le qi gong, qui combinent des exercices physiques et des techniques de respiration pour réduire le stress et l'anxiété. Le yoga, par exemple, utilise des postures, des étirements et des techniques de respiration pour aider à détendre le corps et à calmer l'esprit.

Le tai-chi et le qi gong sont également des formes d'exercices physiques et de méditation qui peuvent aider à réduire le stress et l'anxiété. Le tai-chi implique des mouvements lents et fluides qui favorisent la relaxation et la concentration, tandis que le qi gong se concentre sur la respiration, la méditation et des mouvements doux pour équilibrer l'énergie du corps.

En résumé, les massages et les thérapies alternatives sont des méthodes efficaces pour réduire le stress et l'anxiété, et il existe une grande variété de techniques disponibles. Il est important de trouver une méthode qui convient à vos besoins et à vos préférences, que ce soit en consultant un professionnel ou en explorant des techniques à domicile.

Les activités créatives telles que la peinture, le dessin, l'écriture ou la musique peuvent également aider à réduire le stress en permettant une expression émotionnelle et une distraction positive. Il est important de trouver une activité créative qui vous convient et de vous y engager régulièrement pour en tirer les bénéfices.

Les stratégies de communication pour mieux gérer le stress

La communication assertive pour éviter les conflits

La communication assertive est une technique de communication qui permet de s'exprimer de manière claire et directe, tout en respectant les opinions et les sentiments des autres. Elle peut aider à éviter les conflits, à réduire le stress et à améliorer les relations interpersonnelles.

Pour être assertif, il est important de faire preuve d'écoute active, de reformuler les idées de l'autre pour s'assurer de les avoir bien comprises, d'utiliser un langage positif et constructif, et de s'exprimer avec confiance. Il est également important d'apprendre à dire "non" de manière respectueuse et de donner des raisons claires pour expliquer sa position.

Par exemple, si un collègue vous demande de travailler sur un projet en dehors de vos heures de travail, vous pouvez répondre de manière assertive en disant : "Je comprends que ce projet est important pour vous, mais je ne suis pas disponible en dehors de mes heures de travail. Nous pourrions peut-être trouver une autre solution ensemble qui fonctionne pour nous deux."

Pour pratiquer l'assertivité, il est donc possible de réaliser des exercices de simulation de situations de communication difficiles, de se concentrer sur l'expression de ses sentiments et besoins sans juger les autres, et de recevoir des retours constructifs de la part de personnes de confiance.

En plus des techniques mentionnées précédemment, il existe des exercices pratiques pour aider à développer des compétences en communication assertive. Par exemple :

La pratique du "je" :

Au lieu de critiquer ou de blâmer les autres, il est important de s'exprimer en utilisant des phrases commençant par "je". Par exemple, au lieu de dire "tu ne m'écoutes jamais", il est plus efficace de dire "je me sens ignoré quand je ne me sens pas écouté".

La pratique du "je" est une technique de communication assertive très utile pour éviter les conflits. Elle permet d'exprimer ses sentiments et ses opinions de manière claire et respectueuse, sans blâmer l'autre personne. L'utilisation du "je" permet également de prendre la responsabilité de ses propres sentiments et d'exprimer ses besoins de manière constructive.

Pour mettre en pratique cette technique, il est important de prendre le temps de réfléchir à ce que l'on ressent et à ce que l'on veut exprimer. Ensuite, il est recommandé de formuler sa phrase en utilisant des mots tels que "je ressens", "j'ai besoin de" ou "je pense que". Par exemple, au lieu de dire "tu es toujours en retard, tu n'as aucun respect pour moi", on peut dire "je me sens frustré lorsque tu arrives en retard, j'ai besoin que tu respectes notre rendez-vous".

Il est également important de rester calme et de ne pas laisser ses émotions prendre le dessus lorsqu'on s'exprime. Il est possible que l'autre personne ne soit pas d'accord ou ne comprenne pas immédiatement ce que l'on veut exprimer, mais en restant respectueux et en reformulant si nécessaire, on peut arriver à une communication claire et constructive.

Des exercices pour mettre en pratique cette technique consistent à écrire des phrases commençant par "je" pour exprimer des situations que l'on trouve difficiles ou frustrantes. On peut également jouer des rôles avec un ami ou un partenaire pour pratiquer des situations de communication difficile et trouver des solutions ensemble. Enfin, il est important de pratiquer la communication assertive au quotidien pour la rendre une habitude et l'intégrer dans sa vie professionnelle et personnelle.

Le jeu de rôle :

Cette technique consiste à pratiquer des scénarios de communication difficiles avec un partenaire ou un ami, en prenant des rôles différents. Cela permet de développer des compétences en communication assertive dans un environnement sûr et non menaçant.

Le jeu de rôle est une méthode pratique pour mettre en pratique les compétences en communication assertive dans un environnement simulé. Cela peut se faire avec un ami, un partenaire ou même avec un professionnel de la santé mentale. Le but est de jouer des scénarios de communication difficiles, en prenant des rôles différents, et en pratiquant les techniques de communication assertive.

Par exemple, vous pouvez vous entraîner à dire "non" à une demande qui vous met mal à l'aise, ou à exprimer vos sentiments et vos besoins de manière claire et respectueuse. Le partenaire peut alors vous donner des commentaires constructifs sur votre communication et vous aider à améliorer vos compétences.

Il est important de choisir des scénarios qui sont pertinents pour votre vie quotidienne, afin que vous puissiez vous entraîner à faire face aux situations difficiles que vous pourriez rencontrer dans la réalité. Le jeu de rôle peut être particulièrement utile pour les personnes qui ont du mal à s'exprimer en public ou qui ont tendance à éviter les conflits.

Il est important de se rappeler que la communication assertive n'est pas une solution miracle pour éviter tous les conflits, mais elle peut vous aider à mieux gérer les situations difficiles et à maintenir des relations positives avec les autres. En pratiquant régulièrement les techniques de communication assertive, vous pouvez renforcer votre confiance en vous et améliorer vos compétences en communication.

La communication non verbale :

Il est important de se concentrer sur la communication non

verbale, telle que le langage corporel, la tonalité et le contact visuel, pour renforcer le message de communication.

La communication non verbale est un aspect important de la communication assertive. Elle peut avoir un impact considérable sur la façon dont notre message est perçu par les autres. Par exemple, si nous croisons les bras ou évitons le contact visuel pendant une conversation, cela peut être perçu comme de la défense ou du désintérêt, ce qui peut nuire à notre capacité à communiquer efficacement.

Pour améliorer notre communication non verbale, il est important de prêter attention à notre langage corporel, à notre tonalité et à notre contact visuel. Voici quelques conseils pratiques pour améliorer notre communication non verbale :

1. Gardez une posture ouverte : Evitez de croiser les bras ou les jambes et adoptez une posture ouverte pour montrer que vous êtes engagé dans la conversation.
2. Regardez les gens dans les yeux : Le contact visuel est essentiel pour établir une bonne communication. Regardez les gens dans les yeux pour montrer que vous êtes intéressé et engagé dans la conversation.
3. Soyez conscient de votre tonalité : Le ton de votre voix peut avoir un impact sur la façon dont votre message est perçu. Assurez-vous de parler clairement et d'utiliser une tonalité confiante et respectueuse.
4. Soyez conscient de vos gestes : Nos gestes peuvent souvent trahir nos sentiments ou notre état d'esprit. Essayez d'utiliser des gestes naturels et ouverts pour renforcer votre message.

Pour pratiquer l'amélioration de notre communication non verbale, nous pouvons essayer de nous enregistrer lors d'une conversation pour observer notre langage corporel et notre tonalité. Nous pouvons également pratiquer des exercices de relaxation, tels que la respiration profonde ou la méditation, pour nous aider à rester calmes et centrés pendant une conversation.

En utilisant ces techniques, il est possible de développer des compétences en communication assertive, ce qui peut aider à éviter les conflits et à gérer efficacement le stress dans les situations de communication difficiles.

La communication assertive est une compétence importante pour mieux gérer le stress et les conflits au travail et dans les relations interpersonnelles. Elle permet de s'exprimer de manière claire et directe tout en respectant les opinions et les sentiments des autres.

La résolution de problèmes pour trouver des solutions efficaces

La résolution de problèmes est une compétence importante pour gérer le stress et l'anxiété. Il s'agit de trouver des solutions efficaces à des situations difficiles ou stressantes. Voici quelques étapes à suivre pour résoudre efficacement un problème :

Identifier le problème :

Il est important de définir clairement le problème en question. Il est important d'identifier le problème précisément, de manière à ce que la solution soit adaptée à la situation.

Pour identifier clairement un problème, il est important de poser les bonnes questions. Par exemple, si un employé se plaint d'un manque de temps pour accomplir ses tâches, il est important de demander des détails spécifiques sur les tâches qui prennent le plus de temps et pourquoi elles sont si chronophages. Il est également important de déterminer si le problème est récurrent ou s'il s'agit d'un événement ponctuel.

Un autre exercice pour identifier le problème consiste à utiliser la technique de l'arbre des causes. Cette technique aide à identifier toutes les causes possibles d'un problème en se posant des questions successives pour identifier la cause première. Par exemple, si une machine tombe régulièrement en panne, on peut se poser des questions comme "qu'est-ce qui cause la panne ?", "pourquoi cela se produit-il ?", "quelles sont les causes profondes de ce problème ?" jusqu'à ce que la cause première soit identifiée.

Il est également utile d'impliquer toutes les parties prenantes dans le processus d'identification du problème. Les différents points de vue et perspectives peuvent aider à définir le problème plus clairement et à trouver des solutions plus efficaces.

Enfin, il est important de ne pas confondre les symptômes du problème avec le problème lui-même. Par exemple, si un employé se plaint de stress, il peut être facile de considérer le stress comme le problème. Cependant, il est important de creuser plus profondément pour identifier la cause sous-jacente du stress, qui peut être un manque de soutien de la part de l'équipe ou une charge de travail excessive.

Des exercices pratiques pour identifier le problème comprennent des scénarios de résolution de problèmes en groupe ou en solo, des jeux de rôle pour comprendre les différents points de vue et perspectives et des techniques de brainstorming pour générer une liste exhaustive de causes possibles.

Collecter des informations :

Pour résoudre un problème, il est important de recueillir des informations pertinentes. Cela peut inclure la recherche d'informations, la collecte de données ou la consultation de personnes compétentes.

La collecte d'informations est une étape cruciale de la résolution de problèmes, car elle permet de recueillir des données nécessaires pour prendre des décisions éclairées. Les informations collectées peuvent provenir de différentes sources, telles que des documents, des interviews, des sondages, des statistiques, des études de marché, des expériences et des observations.

Par exemple, si vous essayez de résoudre un problème au travail, vous pouvez collecter des informations en discutant avec des collègues, en lisant des rapports d'entreprise, en examinant des données financières ou en effectuant des recherches sur des sites Web pertinents. Si vous cherchez à résoudre un problème de santé, vous pouvez collecter des informations en consultant des professionnels de la santé, en lisant des publications scientifiques ou en participant à des groupes de soutien.

Un exercice pour pratiquer la collecte d'informations est de poser des questions ouvertes lors de conversations avec les autres. Plutôt que de poser des questions fermées qui ont des réponses courtes, posez des questions ouvertes qui encouragent les autres à partager des informations plus détaillées et utiles. Cela peut vous aider à comprendre la situation plus en profondeur et à recueillir des informations importantes pour résoudre le problème.

Générer des options :

Une fois que vous avez des informations suffisantes, il est important de générer des options possibles pour résoudre le problème. Il est important de considérer toutes les options, même celles qui semblent peu probables, car elles pourraient conduire à une solution plus efficace.

Pour générer des options pour résoudre un problème, il existe différentes méthodes. Voici quelques exemples d'exercices que vous pouvez pratiquer pour améliorer cette compétence :

- Le brainstorming : cette technique consiste à générer autant d'idées que possible, sans jugement ni critique. Il s'agit d'une méthode créative qui encourage la libre pensée et l'exploration de toutes les options possibles.

- La méthode des six chapeaux : développée par Edward de Bono, cette méthode consiste à porter différents "chapeaux" pour explorer une question ou un problème sous différents angles. Par exemple, le chapeau blanc représente les faits et les données, le chapeau rouge représente les émotions et les sentiments, le chapeau noir représente les aspects négatifs, etc.

- La méthode SWOT : cette méthode consiste à identifier les forces, les faiblesses, les opportunités et les menaces d'une situation ou d'une décision. Cette méthode peut être utilisée pour générer des options en identifiant les opportunités qui peuvent être exploitées et les menaces qui doivent être évitées.

- La carte mentale : cette technique consiste à créer une carte mentale pour visualiser les idées et les options possibles de manière organisée et structurée. Cette méthode est particulièrement utile pour explorer les relations entre les idées et les options.

En pratiquant régulièrement ces exercices, vous pouvez améliorer votre capacité à générer des options créatives et efficaces pour résoudre les problèmes.

Evaluer les options :

Une fois que vous avez généré des options, il est important d'évaluer chaque option en fonction de ses avantages et de ses inconvénients. Cela permet de déterminer quelle option est la plus appropriée.

L'évaluation des options peut être effectuée en utilisant une matrice de décision, qui permet de comparer les différentes options en fonction de critères spécifiques. Par exemple, si vous devez décider quel ordinateur acheter, vous pouvez évaluer les options en fonction de critères tels que le prix, la performance, la qualité de l'écran et la durée de vie de la batterie.

Une autre méthode pour évaluer les options est l'analyse SWOT, qui examine les forces, les faiblesses, les opportunités et les menaces de chaque option. Cela permet de mieux comprendre les avantages et les inconvénients de chaque option et de déterminer laquelle est la plus appropriée.

Enfin, il est important de garder à l'esprit que l'évaluation des options peut être un processus itératif. Il est possible que de nouvelles informations ou de nouvelles options soient découvertes tout au long du processus, ce qui nécessite une nouvelle évaluation.

Pour pratiquer l'évaluation des options, vous pouvez essayer de résoudre des problèmes simples en groupe et de discuter des avantages et des inconvénients de chaque option proposée. Vous pouvez également pratiquer l'évaluation des options dans des situations de la vie réelle, telles que la recherche d'un emploi ou l'achat d'une voiture.

Mettre en œuvre la solution :

Une fois que vous avez déterminé la meilleure solution, il est important de la mettre en œuvre.

Mettre en œuvre la solution est la dernière étape de la résolution de problèmes. Elle consiste à mettre en place les actions nécessaires pour mettre en œuvre la solution choisie. Il est important de suivre les étapes du plan d'action défini lors de l'évaluation des options.

Pour faciliter cette étape, il peut être utile de définir des rôles et des responsabilités pour chaque membre de l'équipe impliquée dans la résolution du problème. Cela permet de s'assurer que chacun sait exactement ce qu'il doit faire pour mettre en place la solution.

Il est également important de mettre en place une stratégie de communication claire pour informer toutes les parties prenantes de la situation, de la solution choisie et des étapes à suivre pour sa mise en œuvre.

Evaluer les résultats :

il est important de suivre les résultats de la solution mise en œuvre pour déterminer si elle est efficace. Si elle ne l'est pas, il peut être nécessaire de revoir les options et de générer de nouvelles solutions.

L'évaluation des résultats est une étape essentielle de la résolution de problèmes car elle permet de mesurer l'efficacité de la solution mise en place. Voici quelques exemples d'exercices pratiques qui peuvent aider à développer cette compétence :

- Établir des objectifs spécifiques et mesurables : avant de mettre en place une solution, il est important d'établir des objectifs clairs et mesurables. Cela permet de déterminer si la solution a été efficace ou non. Par exemple, si le problème à résoudre est un taux élevé de rotation du personnel, l'objectif peut être de réduire le taux de rotation de 20 % d'ici la fin de l'année.

- Utiliser des outils de suivi : pour suivre les résultats de la solution, il est recommandé d'utiliser des outils de suivi tels que des tableaux de bord, des indicateurs de performance clés (KPI), ou des enquêtes de satisfaction. Ces outils permettent de collecter des données quantitatives et qualitatives pour évaluer l'efficacité de la solution.

- Analyser les données : une fois que les données ont été collectées, il est important de les analyser pour déterminer si la solution a été efficace. Les données peuvent être analysées en utilisant des techniques telles que l'analyse de variance (ANOVA), l'analyse de régression, ou l'analyse de tendance. Ces techniques permettent de déterminer si les changements observés sont significatifs et si la solution a eu un impact positif.

- Revoir et ajuster la solution : si les résultats ne sont pas satisfaisants, il peut être nécessaire de revoir la solution et de générer de nouvelles options. Il est important de ne pas abandonner trop rapidement la solution mise en place et de prendre le temps d'analyser les résultats et de déterminer les ajustements à apporter.

En somme, évaluer les résultats est une étape cruciale de la résolution de problèmes car elle permet de déterminer si la solution mise en place a été efficace. En utilisant des outils de suivi, en analysant les données et en ajustant la solution si nécessaire, il est possible d'améliorer continuellement les résultats et de résoudre les problèmes de manière efficace.

Pour développer la compétence de résolution de problèmes, il est utile de pratiquer des exercices tels que la résolution de problèmes en groupe, la résolution de problèmes à l'aide de jeux de rôle, ou la résolution de problèmes dans des situations simulées. Il est également utile de tenir un journal pour enregistrer les problèmes rencontrés, les options possibles et les solutions mises en œuvre, afin d'apprendre de l'expérience. Enfin, la lecture de livres sur la résolution de problèmes et la participation à des ateliers de formation peuvent également être utiles pour développer cette compétence.

La gestion des priorités pour mieux organiser son temps

La gestion des priorités est une compétence essentielle pour mieux organiser son temps et accomplir efficacement ses tâches.

Voici quelques conseils et exemples pour améliorer sa gestion des priorités :

1 - Déterminer les tâches les plus importantes : Il est essentiel de déterminer les tâches qui ont le plus d'impact sur votre travail et qui doivent donc être traitées en premier. Pour cela,

vous pouvez utiliser la matrice d'Eisenhower qui classe les tâches en fonction de leur urgence et de leur importance.

2 - Établir un calendrier : Planifier son travail est une étape cruciale dans la gestion des priorités. Pour mieux organiser votre temps, vous pouvez utiliser un calendrier ou un outil de gestion de tâches pour fixer des échéances et établir des objectifs clairs.

3 - Éviter les distractions : Les distractions peuvent souvent nous empêcher de nous concentrer sur nos tâches les plus importantes. Il est donc important de les éviter autant que possible en limitant les interruptions, en désactivant les notifications sur les réseaux sociaux et en trouvant un environnement de travail calme.

4 - Apprendre à dire non : Il peut être difficile de dire non aux demandes des autres, mais il est important de se rappeler que notre temps est précieux et que nous devons le consacrer aux tâches les plus importantes. Apprendre à dire non peut donc être une compétence utile dans la gestion des priorités.

5 - Hiérarchiser les tâches : Une fois que vous avez établi votre liste de tâches, il est important de les hiérarchiser en fonction de leur importance. Ensuite, vous pouvez vous concentrer sur les tâches les plus importantes et urgentes en premier lieu.

6 - Prendre des pauses régulières : Prendre des pauses régulières peut sembler contre-intuitif dans la gestion des priorités, mais c'est en réalité une stratégie efficace. En

prenant des pauses régulières, vous pouvez vous ressourcer et augmenter votre productivité.

Des exemples d'exercices pratiques pour améliorer sa gestion des priorités incluent la planification de tâches quotidiennes ou hebdomadaires, l'utilisation de la technique Pomodoro pour se concentrer sur une tâche pendant une période de temps définie, ou encore la pratique de la méditation pour améliorer sa capacité de concentration et de prise de décision.

La technique de pomodoro est une méthode de gestion du temps très populaire et efficace qui aide à améliorer la productivité et à mieux gérer les tâches. Elle consiste à diviser le temps en blocs de 25 minutes appelés «pomodoros», séparés par des pauses courtes.

Voici les étapes à suivre pour appliquer la technique de pomodoro :

1. Choisir une tâche à accomplir.
2. Régler un minuteur pour 25 minutes.
3. Travailler sur la tâche choisie jusqu'à ce que le minuteur sonne. C'est un pomodoro.
4. Prendre une pause de 5 minutes.
5. Répéter les étapes 2 à 4 trois ou quatre fois.
6. Prendre une pause de 15 à 30 minutes.

La technique de pomodoro peut être appliquée à toutes sortes de tâches, qu'il s'agisse d'étudier, de travailler sur un projet, d'écrire un article ou même de faire le ménage à la maison.

Elle permet de se concentrer sur une tâche à la fois, de mieux gérer son temps et d'augmenter la productivité.

En pratiquant régulièrement la technique de pomodoro, on apprend à mieux estimer le temps nécessaire pour accomplir une tâche, à mieux se concentrer sur une tâche à la fois et à éviter les distractions. Cette méthode est également efficace pour gérer le stress et l'anxiété liés à la charge de travail.

Pour appliquer la technique de pomodoro de manière efficace, il est important de choisir un lieu de travail calme et sans distractions, de désactiver les notifications sur son téléphone et son ordinateur, et de prendre des pauses régulières pour se reposer et se ressourcer.

La gestion émotionnelle pour réduire le stress et l'anxiété

L'acceptation des émotions pour mieux les gérer

L'acceptation des émotions consiste à reconnaître que les émotions sont une partie normale de la vie et qu'il est important de les reconnaître, de les accepter et de les gérer de manière appropriée. Cela peut être un défi pour certaines personnes, car les émotions peuvent parfois être intenses et difficiles à gérer.

Il est important de comprendre que toutes les émotions, qu'elles soient positives ou négatives, sont une réponse naturelle à des situations et des événements. Les émotions négatives comme la tristesse, la colère ou la peur ne sont pas mauvaises en soi, mais c'est la manière dont on y réagit qui peut être problématique. Par exemple, il est courant de se sentir triste après la perte d'un être cher, mais si cette tristesse persiste pendant une longue période ou si elle affecte négativement votre vie quotidienne, il peut être nécessaire de chercher de l'aide pour la gérer.

L'une des techniques pour accepter les émotions est la pleine conscience, qui consiste à être conscient de ses pensées et de ses émotions sans les juger ni chercher à les changer. La pratique régulière de la pleine conscience peut aider à développer une conscience de ses émotions, ce qui permet de mieux les comprendre et de les accepter.

La pratique régulière de la pleine conscience peut aider à développer une conscience de ses émotions, ce qui permet de mieux les comprendre et de les accepter. Pour pratiquer la pleine conscience, il suffit de prendre quelques minutes chaque jour pour s'asseoir tranquillement et se concentrer sur sa respiration et sur les sensations de son corps. Si des pensées ou des émotions surviennent, il suffit de les remarquer sans les juger et de revenir à la respiration.

Un autre exercice utile consiste à écrire ses émotions. Prendre le temps d'écrire ce que l'on ressent peut aider à identifier les émotions, à les accepter et à les comprendre. Cela peut également aider à réduire les sentiments de stress et d'anxiété associés à ces émotions.

Un autre exercice utile pour accepter les émotions est l'écriture expressive. Cette pratique consiste à écrire sur ses émotions et ses pensées pendant environ 15 à 20 minutes par jour. En écrivant ses émotions, on peut mieux les comprendre et les accepter, ce qui peut réduire leur impact négatif sur notre vie quotidienne.

Il est important de se rappeler qu'il est normal d'avoir besoin d'aide pour gérer ses émotions. Si les émotions sont intenses ou affectent négativement votre vie quotidienne, il peut être nécessaire de chercher de l'aide auprès d'un professionnel de la santé mentale. Accepter que l'on a besoin d'aide est un signe de force, pas de faiblesse.

L'acceptation des émotions est une étape cruciale pour mieux gérer son stress et son anxiété. Il s'agit de reconnaître que toutes les émotions sont normales et de chercher à les comprendre plutôt que de les éviter ou de les réprimer. La pleine conscience et l'écriture des émotions sont deux exercices utiles pour développer cette compétence. Cela peut conduire à une meilleure santé mentale et à une vie plus épanouissante.

La communication émotionnelle pour exprimer ses sentiments

La communication émotionnelle est une compétence importante pour exprimer ses sentiments de manière claire et efficace, tout en respectant les sentiments des autres. Elle consiste à communiquer ses émotions de manière non-jugeante et assertive.

Lorsqu'on communique ses émotions, il est important de prendre en compte les trois éléments suivants :

- La description de la situation : il s'agit de décrire objectivement la situation qui a déclenché l'émotion, sans porter de jugement.

- L'expression de l'émotion : il s'agit d'exprimer l'émotion ressentie, en utilisant des termes qui la décrivent de manière précise. Par exemple, au lieu de dire "je suis fâché", on peut dire "je me sens frustré et en colère".

- La demande d'action : il s'agit de faire part de ses besoins ou de sa demande d'action, tout en restant ouvert à une discussion. Par exemple, on peut dire "j'ai besoin d'un peu plus de temps pour terminer cette tâche, est-ce que nous pourrions repousser la deadline d'une journée ?"

En utilisant ces trois éléments, on peut communiquer nos émotions de manière claire et efficace, tout en évitant les malentendus et les conflits. Par exemple, si un collègue nous a interrompu lors d'une réunion, on peut lui dire "Quand tu m'as interrompu tout à l'heure, je me suis senti dévalorisé et pas écouté. J'aimerais que tu me laisses terminer mes propos avant de donner ton avis."

Il est également important de prendre en compte les émotions des autres lorsqu'on communique nos propres émotions. Il faut être conscient que chacun peut avoir des perceptions différentes d'une même situation, et que nos propres émotions peuvent affecter notre jugement. Il est donc important d'écouter les autres et de rester ouvert à la discussion.

Des exercices pratiques peuvent aider à améliorer la communication émotionnelle. Par exemple, prendre le temps de réfléchir à ses émotions avant de les exprimer, ou encore pratiquer la reformulation pour s'assurer qu'on a bien compris les émotions de l'autre personne. On peut également s'entraîner à utiliser des phrases comme "je me sens..." ou "je ressens..." pour exprimer nos émotions de manière claire et non-jugeante.

Une autre compétence importante en communication

émotionnelle est la capacité à identifier et à comprendre les émotions des autres. Cette capacité, connue sous le nom d'empathie, permet de mieux communiquer avec les autres en comprenant leurs perspectives et leurs sentiments. L'empathie peut également aider à établir une connexion émotionnelle avec les autres, ce qui peut être utile dans les relations personnelles et professionnelles.

Pour développer l'empathie, il est important de se mettre à la place de l'autre personne et de comprendre les événements qui ont conduit à leurs émotions. En posant des questions ouvertes et en écoutant attentivement les réponses, on peut montrer à l'autre personne qu'on est intéressé par son point de vue et qu'on cherche à comprendre ses sentiments. Il est également important de rester ouvert d'esprit et de ne pas juger les sentiments de l'autre personne.

Il est important de savoir exprimer ses propres émotions de manière claire et constructive. Cela peut aider à éviter les malentendus et les conflits. En exprimant ses émotions, il est important de rester calme et de parler d'une manière respectueuse et non accusatoire. Il est également important de faire preuve d'empathie envers l'autre personne et de prendre en compte son point de vue.

La communication émotionnelle est une compétence importante pour exprimer ses sentiments de manière claire et constructive, et pour comprendre et interagir avec les émotions des autres.

La visualisation créative pour développer une attitude positive

La visualisation créative est une technique qui peut aider à développer une attitude positive et à réduire le stress et l'anxiété. Elle consiste à imaginer des scénarios positifs et à les visualiser avec le plus de détails possible. Cette technique est basée sur l'idée que l'esprit et le corps sont étroitement liés, et que les images mentales positives peuvent influencer positivement notre état émotionnel.

Il existe plusieurs façons de pratiquer la visualisation créative, mais voici quelques exemples :

- Imaginer un endroit paisible : cela peut être un endroit réel ou imaginaire, comme une plage, une forêt ou une montagne. Fermez les yeux, visualisez cet endroit et essayez de sentir les odeurs, les sons et les sensations physiques qui y sont associées. Cette technique peut aider à se détendre et à réduire le stress.

- Visualiser un objectif : cela peut être un objectif personnel ou professionnel, comme réussir un examen, obtenir une promotion ou réaliser un projet. Visualisez-vous en train de réaliser cet objectif, en détail et avec tous les sens. Cette technique peut aider à renforcer la confiance en soi et la motivation.

- Visualiser un scénario positif : cela peut être un scénario imaginaire ou réel, comme un rendez-vous réussi, une réunion de famille agréable ou une soirée entre amis.

- Visualisez le scénario en détail, en utilisant tous les sens et en imaginant les émotions positives qui y sont associées. Cette technique peut aider à augmenter la positivité et à réduire le stress et l'anxiété.

Il est important de noter que la visualisation créative ne remplace pas l'action concrète, mais peut plutôt aider à renforcer la motivation et la confiance en soi pour réaliser ces actions. Cette technique peut être utilisée en complément d'autres techniques de relaxation, comme la respiration profonde, la méditation ou le yoga, pour aider à réduire le stress et l'anxiété.

La planification de la vie pour réduire le stress et l'anxiété

L'établissement d'objectifs pour clarifier sa vision de la vie

L'établissement d'objectifs est un processus important pour clarifier sa vision de la vie et donner un sens à ses actions. Cela implique de prendre le temps de réfléchir à ce que l'on veut vraiment réaliser dans sa vie, que ce soit sur le plan personnel ou professionnel, à court ou à long terme.

Lorsque l'on établit des objectifs, il est important de définir des objectifs clairs et spécifiques qui peuvent être mesurés. Les objectifs doivent être SMART (Spécifiques, Mesurables, Atteignables, Réalistes et Temporels) pour être plus efficaces. Les objectifs SMART permettent de suivre les progrès et de s'assurer que les objectifs sont atteints en temps voulu.. Par exemple, plutôt que de se fixer l'objectif vague de « faire plus de sport », il est plus efficace de se fixer un objectif spécifique et mesurable comme « courir 30 minutes par jour, trois fois par semaine ». Cela permet de mieux mesurer ses progrès et de rester motivé.

L'établissement d'objectifs permet également de hiérarchiser ses priorités et de mieux organiser son temps. En se concentrant sur les tâches et les activités qui sont les plus importantes pour atteindre ses objectifs, on évite de se disperser dans des activités qui ne sont pas vraiment utiles.

Il existe plusieurs techniques pour établir des objectifs efficaces, comme la technique de la pyramide de Maslow, qui consiste à se concentrer d'abord sur les besoins les plus fondamentaux (besoins physiologiques, sécurité, amour et appartenance, estime de soi, réalisation de soi) avant de passer à des objectifs plus élevés.

La pyramide de Maslow est une théorie proposée par le psychologue américain Abraham Maslow dans les années 1940. Elle décrit les besoins humains en cinq niveaux hiérarchiques et suggère que les besoins inférieurs doivent être satisfaits avant que les besoins supérieurs ne deviennent pertinents.

Le premier niveau de la pyramide est les besoins physiologiques, tels que la nourriture, l'eau, l'air, le sommeil, la chaleur et le sexe. Ce sont des besoins de survie et si ces besoins ne sont pas satisfaits, les autres besoins deviennent moins pertinents.

Le deuxième niveau de la pyramide est la sécurité. Les besoins de sécurité comprennent la sécurité physique, la sécurité financière, la santé et la stabilité de l'emploi. Si une personne ne se sent pas en sécurité, elle ne peut pas se concentrer sur les autres besoins.

Le troisième niveau de la pyramide est l'appartenance et l'amour. Les besoins d'appartenance comprennent la famille, l'amitié, la camaraderie, l'amour et l'appartenance à un groupe. Ces besoins sont importants pour le bien-être psychologique d'une personne.

Le quatrième niveau de la pyramide est l'estime de soi. Les besoins d'estime de soi incluent l'estime de soi, la confiance en soi, la reconnaissance et le respect des autres. Ces besoins sont importants pour la confiance en soi et l'acceptation de soi.

Le cinquième et dernier niveau de la pyramide est l'accomplissement de soi. Les besoins d'accomplissement de soi comprennent la réalisation de ses aspirations, le développement de son potentiel et la réalisation de ses objectifs. Ce niveau est atteint lorsque tous les autres besoins ont été satisfaits et que la personne peut se concentrer sur sa croissance personnelle.

Par exemple, une personne qui vit dans la pauvreté et qui a du mal à satisfaire ses besoins physiologiques ne pourra pas se concentrer sur ses besoins de sécurité ou d'appartenance et d'amour. Un employé qui travaille dans un environnement instable ou qui ne reçoit pas une rémunération adéquate peut avoir du mal à satisfaire ses besoins de sécurité et d'estime de soi.

En utilisant la pyramide de Maslow comme cadre de référence, les entreprises peuvent aider à répondre aux besoins de leurs employés en créant un environnement de travail sûr, en offrant des possibilités de développement professionnel et en reconnaissant les réalisations de leurs employés. Les individus peuvent également utiliser la pyramide de Maslow pour identifier les domaines où ils doivent se concentrer pour améliorer leur bien-être général.

Une autre technique est la méthode GTD (Getting Things Done), qui consiste à décomposer les objectifs en tâches spécifiques et à les ranger dans des catégories (projets, actions à court terme, actions à long terme, etc.) afin de mieux les gérer.

La méthode GTD (Getting Things Done) est une technique de gestion des tâches et des objectifs qui consiste à décomposer les projets en tâches spécifiques et à les classer dans des catégories en fonction de leur niveau de priorité et du temps qu'il faut pour les réaliser. La méthode GTD peut aider à gérer efficacement son temps et à atteindre ses objectifs en se concentrant sur les tâches les plus importantes.

Pour utiliser la méthode GTD, il est important de suivre les étapes suivantes :

1. Collecter toutes les tâches : écrire toutes les tâches et les idées qui vous viennent à l'esprit, sans les trier.
2. Traiter les tâches : déterminer si chaque tâche est une action à faire, un projet plus important, une tâche à déléguer ou une tâche à reporter.
3. Organiser les tâches : classer les tâches en fonction de leur niveau de priorité et du temps qu'il faut pour les réaliser.
4. Réviser régulièrement : passer en revue les tâches régulièrement pour s'assurer que tout est à jour et que les tâches sont réalisées en temps voulu.

Pour établir des objectifs efficaces, il est important de prendre en compte ses valeurs et ses aspirations personnelles. Les objectifs doivent être alignés sur les valeurs et les aspirations de la personne pour être plus motivants et plus significatifs. Par exemple, si la famille est très importante pour quelqu'un, il peut se fixer des objectifs qui favorisent les relations familiales, comme passer plus de temps avec ses proches, organiser des sorties ou des vacances en famille, etc.

Enfin, pour atteindre ses objectifs, il est important de définir des actions concrètes et spécifiques à mettre en place. Les actions doivent être planifiées dans le temps et classées en fonction de leur niveau de priorité. Les actions à court terme doivent être traitées en premier, suivies des actions à long terme.

Il est important de réévaluer régulièrement ses objectifs pour s'assurer qu'ils sont toujours pertinents et adaptés à sa situation actuelle. Si l'on réalise que l'on a fixé des objectifs trop ambitieux ou pas assez stimulants, il est important de les réajuster pour rester motivé et continuer à progresser.

Pour pratiquer l'établissement d'objectifs, il est recommandé de prendre le temps de réfléchir à ses aspirations et à ses priorités, de les noter sur papier et de les décomposer en objectifs spécifiques et réalisables. Il est également utile de se fixer des échéances et de mesurer régulièrement ses progrès pour rester motivé.

La gestion des taches pour mieux s'organiser

La gestion des tâches est une technique essentielle pour mieux s'organiser. Elle consiste à décomposer les objectifs en tâches spécifiques et à les ranger dans des catégories en fonction de leur priorité et de leur urgence. Ensuite, il est important de planifier ces tâches dans un calendrier ou un outil de gestion de tâches afin de mieux les gérer et de ne pas se sentir débordé.

Un exemple concret de gestion des tâches est la technique Pomodoro, qui consiste à travailler par intervalles de 25 minutes suivis d'une pause de 5 minutes. Cette méthode permet de se concentrer sur une tâche à la fois et de prendre des pauses régulières pour éviter la fatigue mentale. Une fois que la tâche est terminée, il est important de la cocher dans la liste des tâches accomplies pour avoir une vision claire de l'avancement du travail.

Il existe également des outils de gestion de tâches en ligne qui permettent de créer des listes de tâches, de les assigner à des projets, de les planifier dans un calendrier et de suivre leur avancement en temps réel. Ces outils peuvent être très utiles pour les projets en équipe ou pour les personnes qui ont de nombreux projets à gérer.

Enfin, pour gérer efficacement les tâches, il est important de déterminer les priorités en fonction de leur urgence et de leur importance. La méthode Eisenhower, par exemple, permet de classer les tâches en quatre catégories en fonction de leur degré d'urgence et d'importance : les tâches importantes et urgentes doivent être faites en premier, suivies des tâches importantes mais non urgentes, des tâches urgentes mais non importantes et enfin des tâches non urgentes et non importantes.

En résumé, la gestion des tâches est essentielle pour mieux s'organiser et éviter de se sentir débordé. Les techniques Pomodoro et Eisenhower ainsi que les outils de gestion de tâches en ligne peuvent être très utiles pour planifier et suivre l'avancement des tâches.

La planification du temps pour trouver un équilibre entre vie professionnelle et vie privée

La planification du temps est essentielle pour trouver un équilibre entre vie professionnelle et vie privée, ce qui peut aider à réduire le stress et l'anxiété. L'une des techniques les plus efficaces consiste à établir une liste de tâches quotidiennes, hebdomadaires et mensuelles, en prenant en compte les priorités et les objectifs à atteindre.

Il est également important de fixer des limites claires entre travail et vie privée. Par exemple, il peut être utile de définir des horaires de travail réguliers et de s'y tenir autant que possible, afin de préserver du temps pour les loisirs, la famille et les amis.

Il peut également être bénéfique de réserver des moments précis pour des activités spécifiques, telles que le sport, la lecture, ou la méditation, afin de les intégrer dans son emploi du temps. De même, il peut être utile de réduire les distractions inutiles, comme les réseaux sociaux, pendant les heures de travail, afin de maximiser son temps et sa productivité.

Enfin, il est important de prendre le temps de se reposer et de se détendre régulièrement, notamment en réservant des moments pour soi, que ce soit pour pratiquer une activité qui nous plaît, prendre un bain, ou simplement se reposer. En intégrant ces moments de détente dans son emploi du temps, on peut favoriser une meilleure gestion du temps et de l'énergie, ainsi qu'un meilleur équilibre entre vie professionnelle et vie privée.

Un exemple d'exercice à pratiquer est de faire un calendrier hebdomadaire qui inclut des blocs de temps pour chaque activité importante dans votre vie, comme le travail, la famille, les amis, les loisirs, le sommeil et les tâches ménagères. Ensuite, examinez votre calendrier pour voir s'il y a des déséquilibres ou des conflits dans votre emploi du temps, et essayez de réajuster les priorités en conséquence.

Conclusion

Les bienfaits de la gestion du stress et de l'anxiété sur la santé et le bien-être

La gestion du stress et de l'anxiété a de nombreux bienfaits sur la santé et le bien-être. Lorsque le stress et l'anxiété sont mal gérés, cela peut avoir des conséquences négatives sur la santé physique et mentale. En revanche, une bonne gestion du stress et de l'anxiété peut aider à réduire les risques de maladies et à améliorer la qualité de vie.

Sur le plan physique, le stress chronique peut avoir un impact sur la tension artérielle, le système immunitaire, la digestion, le sommeil et les hormones. Des études ont montré que le stress chronique augmente le risque de maladies cardiovasculaires, d'hypertension, de diabète et d'obésité. En revanche, une bonne gestion du stress peut réduire ces risques en réduisant la tension artérielle et en améliorant la qualité du sommeil.

Sur le plan mental, le stress chronique peut affecter la santé mentale et émotionnelle. Il peut causer de l'anxiété, de la dépression, de l'irritabilité, de la colère, de la fatigue, de la confusion et de la difficulté à se concentrer. En revanche, une bonne gestion du stress peut améliorer la santé mentale en réduisant les niveaux d'anxiété et de dépression, en améliorant l'humeur et la motivation, et en améliorant la capacité de concentration.

De plus, une bonne gestion du stress peut aider à améliorer la qualité de vie. Elle peut augmenter la confiance en soi, l'estime de soi, la satisfaction au travail, les relations sociales, et la capacité à faire face aux défis de la vie. Elle peut également améliorer la santé mentale et physique, ce qui peut conduire à une vie plus heureuse et plus épanouissante.

La gestion du stress et de l'anxiété peut donc avoir de nombreux bienfaits sur la santé et le bien-être, et peut aider à améliorer la qualité de vie. Il est important de trouver des techniques de gestion du stress qui fonctionnent pour chaque individu, et de les pratiquer régulièrement pour en retirer les avantages.

Les différentes techniques présentées dans le livre pour aider les lecteurs à retrouver la sérénité au quotidien

Dans ce livre, nous avons présenté différentes techniques pour vous aider à retrouver la sérénité au quotidien. Nous avons abordé des approches telles que la relaxation, la méditation, la visualisation créative, la planification de la vie, la gestion des tâches et la planification du temps.

Ces techniques ont toutes pour objectif de réduire le stress et l'anxiété, ce qui peut améliorer la qualité de vie, la santé physique et mentale et les relations sociales. Par exemple, la relaxation peut aider à réduire la tension musculaire, à calmer l'esprit et à améliorer la qualité du sommeil. La méditation peut aider à cultiver la pleine conscience, à réduire les pensées négatives et à augmenter la résilience émotionnelle. La visualisation créative peut aider à renforcer une attitude positive et à développer la confiance en soi.

Ensuite, la planification de la vie et la gestion des tâches peuvent aider à clarifier ses objectifs et à mieux gérer son temps, ce qui peut réduire le stress lié à l'incertitude et au manque d'organisation. La planification du temps peut également aider à trouver un équilibre entre vie professionnelle et vie privée, ce qui peut améliorer les relations familiales et sociales et réduire le stress lié à la surcharge de travail.

En fin de compte, ces techniques sont toutes interconnectées et peuvent être utilisées en combinaison pour vous aider à atteindre vos objectifs de sérénité au quotidien. Par exemple, en utilisant la méditation pour se concentrer et se détendre, puis en utilisant la planification de la vie pour fixer des objectifs alignés avec ses valeurs et aspirations personnelles, et enfin en utilisant la gestion des tâches pour organiser les tâches spécifiques nécessaires pour atteindre ces objectifs.

Les perspectives d'avenir pour continuer à progresser et à maintenir un état d'esprit positif

Pour continuer à progresser et maintenir un état d'esprit positif, il est important de continuer à pratiquer les techniques présentées dans ce livre, mais aussi d'explorer de nouvelles méthodes qui pourraient être utiles. Voici quelques exemples :

- La méditation de pleine conscience : la méditation de pleine conscience est une technique qui consiste à porter son attention sur l'instant présent sans jugement. Cette pratique est associée à une diminution du stress et de l'anxiété, à une amélioration de la qualité du sommeil et à une meilleure régulation des émotions. Il existe de nombreuses applications de méditation de pleine conscience gratuites ou payantes, comme Headspace ou Calm, qui peuvent vous guider dans votre pratique.

- L'exercice physique régulier : l'exercice physique est connu pour ses nombreux bienfaits pour la santé physique, mais il peut également aider à réduire le stress et l'anxiété. Lorsque vous vous entraînez, votre corps libère des endorphines, des hormones qui procurent une sensation de bien-être et de bonheur. De plus, l'exercice régulier peut améliorer la qualité du sommeil et renforcer la confiance en soi.

- Le développement de nouvelles compétences : apprendre de nouvelles compétences peut vous aider à vous sentir plus confiant et à vous donner un sentiment d'accomplissement. Cela peut être quelque chose de simple comme apprendre une nouvelle recette de cuisine ou quelque chose de plus complexe comme apprendre une nouvelle langue ou un nouvel instrument de musique.

- La pratique de la gratitude : la pratique de la gratitude consiste à prendre le temps chaque jour de réfléchir sur les choses pour lesquelles vous êtes reconnaissant. Cela peut être quelque chose de simple comme avoir un toit au-dessus de sa tête ou des amis fidèles. La pratique de la gratitude est associée à une diminution du stress et de l'anxiété, à une amélioration de la qualité du sommeil et à une augmentation de la résilience.

Pour conclure, afin de maintenir un état d'esprit positif et continuer à progresser dans votre parcours de gestion du stress et de l'anxiété, il est important d'explorer de nouvelles méthodes et de trouver celles qui fonctionnent le mieux pour vous.

La pratique de la méditation de pleine conscience, l'exercice physique régulier, le développement de nouvelles compétences et la pratique de la gratitude sont quelques exemples de techniques que vous pouvez intégrer à votre routine quotidienne.

Cher(e) lecteur(rice),

Je tiens à exprimer ma profonde gratitude pour avoir choisi mon livre sur la gestion du stress et de l'anxiété. Votre confiance en mon travail est une réelle source de motivation et je suis honorée de pouvoir vous accompagner dans votre quête de sérénité.

Si vous avez trouvé des réponses précieuses dans les techniques et conseils présentés dans ce livre, je vous invite chaleureusement à partager votre expérience en laissant un commentaire sur la page du produit en ligne. Votre avis est inestimable, car il permet non seulement de faire connaître ce livre, mais également d'encourager d'autres personnes à découvrir des moyens efficaces pour gérer le stress au quotidien.

En tant qu'autrice passionnée et indépendante, chaque commentaire positif est un témoignage précieux de votre satisfaction et un soutien indéniable à mon travail. Cela me motive à continuer à écrire et à partager mes connaissances pour vous offrir des ressources qui peuvent véritablement améliorer votre bien-être.

Je vous remercie sincèrement pour votre soutien et je vous souhaite une vie épanouissante, débarrassée du poids du stress. N'hésitez pas à vous abonner à ma page Facebook "Virginie FRATELLI" pour rester informé(e) des prochaines publications et partager avec une communauté engagée dans la recherche de la sérénité.

Amicalement,

Virginie Fratelli

TABLE DES MATIERES

Avant-propos 3

Introduction 5

Identifier les sources de stress et d'anxiété 8

La gestion du stress au quotidien 13

Les techniques de relaxation pour lutter contre le stress et l'anxiété 19

Les stratégies de communication pour mieux gérer le stress 30

La gestion émotionnelle pour réduire le stress et l'anxiété   47

La planification de la vie pour réduire le stress et l'anxiété   54

Conclusion 62